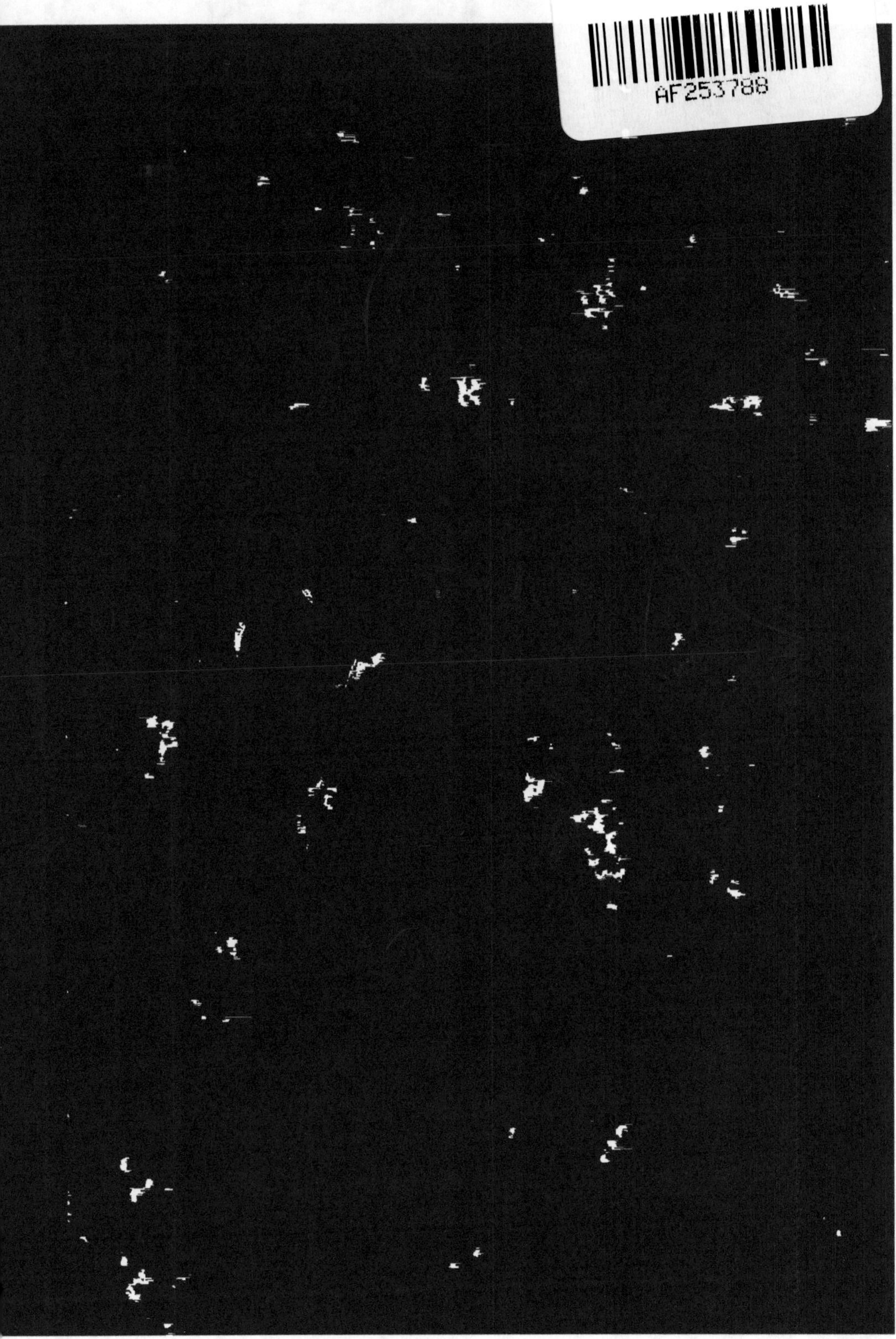

DISCOURS

PRONONCÉ A LA CATHÉDRALE DE BELLEY

A L'OCCASION DE LA

FÊTE DE SAINT ANTHELME

PATRON DU DIOCÈSE

LE 26 JUIN 1869

Par l'abbé DUNAND

Chanoine titulaire du Chapitre métropolitain de Chambéry.

CHAMBÉRY

IMPRIMERIE DE F. PUTHOD, RUE DU VERNEY

—

1869

DISCOURS

Il brilla dans le temple de Dieu comme un soleil resplendissant.

(Eccl., 1, 7.)

Messeigneurs [1],

Quand nous ouvrons les annales de l'Église, nous y remarquons une génération de chrétiens dont l'existence est, aux yeux de la sagesse humaine, un problème qu'elle est impuissante à résoudre, parce que leur grandeur divine a son principe dans des hauteurs que la raison ne saurait atteindre.

Telle est la race des Augustin et des Athanase, des Chrysostôme et des Basile, des Bernard et des Anthelme.

Semblables aux montagnes de l'Éternité dont parle le prophète, ils sont en rapport avec la terre

---

[1] Mgr Gérault de Langalerie, évêque de Belley; Mgr Marilley, évêque de Fribourg et de Lausanne.

qu'ils foulent aux pieds, mais leur front domine la nue. Leur intelligence plane dans les cieux où elle s'illumine des plus radieuses clartés de l'Infini. Leur cœur, dégagé de toutes les scories de la vie matérielle où s'agitent les âmes vulgaires, brûle d'un feu sacré qui a son foyer dans la contemplation de la suprême beauté. Leur âme, inondée des purs rayons du surnaturel, découvre sans cesse des horizons lointains que le reste des hommes ne sait pas même soupçonner, et leurs lèvres, s'abreuvant à longs traits à l'océan de la vérité divine, ne savent proférer que les oracles de la sagesse.

L'Église, étant sur la terre essentiellement militante, a toujours besoin de nouveaux combattants pour soutenir ses grandes luttes avec une puissance propre aux nécessités de chaque époque; et ces hommes, prédestinés à de grandes choses, se montrent toujours au moment précis où leur mission les réclame.

Athlètes vigoureux de l'Église de Jésus-Christ, défenseurs intrépides de la vérité divine, toujours debout au milieu des orages soulevés par les passions, ces hommes de Dieu ressemblent au phare lumineux qui se dresse et reste immobile au milieu de l'océan, sur un écueil battu par la tempête, pour servir de guide au vaisseau dévoyé.

Anthelme fut de la génération de ces hommes puissants en œuvres et en paroles, que Dieu fait surgir dans son Église à de courts intervalles, pour en faire des apologies vivantes du christianisme.

Sa noble figure resplendit, au milieu des ombres

du moyen-âge, de l'auréole de toutes les gloires, soit qu'on le contemple dans l'influence qu'il exerça sur les hommes de son temps, soit qu'on le considère dans la raison divine. Il fut une de ces belles apparitions qui tracent un sillon lumineux dans l'histoire de leur époque et que la Providence tient en réserve dans ses trésors de miséricorde, pour les faire lever sur le monde comme des astres d'espérance et de salut.

Grand par la naissance, sublime par la vertu, Anthelme nous apparaît comme une des hautes intelligences et une des grandes âmes d'évêque qui ont consolé l'Église dans ses luttes du moyen-âge. Vaillant chevalier du Christ, il a été une des fortes tours de l'immense citadelle de l'Église.

Montrons comment il a brillé dans le temple de Dieu.

Un saint dans l'Église est comme un luminaire placé au firmament du monde des âmes, pour les éclairer au milieu de la nuit profonde de l'ignorance et des passions.

L'Église possède un foyer de lumière qui ne s'éteint pas et qui garde religieusement le dépôt des gloires qui ont brillé dans son sein sous la rosée du ciel. Ces gloires, que les vertus des saints ont déposées à son front, l'Église les fait rayonner sur le monde comme des fleurons qui ne se conquièrent que par l'héroïsme chrétien.

Les saints ont fait briller au front de l'Église quatre splendeurs : la splendeur de la foi dans les martyrs, la splendeur de la science dans les docteurs, la pureté de la vie dans les confesseurs et les vierges, la sagesse et la prudence du gouvernement des âmes dans les pontifes.

Nous pourrions déposer toutes ces gloires et toutes ces couronnes sur le front de votre glorieux patron. Mais, pour abréger ma tâche, je me contenterai de vous montrer en saint Anthelme le saint religieux et le grand évêque.

Comme religieux, il fit briller dans la solitude l'or des plus pures vertus, en rallumant le feu sacré de l'amour de Dieu et de l'esprit de sacrifice.

Comme évêque, nous aurons à admirer en lui l'apôtre infatigable, l'ardent ami des âmes et le défenseur intrépide des droits inaliénables de l'Église.

Esquissons rapidement quelques traits de cette noble figure du pontife selon le cœur de Dieu. Mais en face de cette tâche glorieuse que vous avez daigné me confier, Monseigneur, je sens toute ma faiblesse, et ma parole viendrait expirer sur mes lèvres, si elle n'était assurée de trouver dans votre paternel accueil un abri et un appui pour fortifier ses accents.

Pontife vénéré de ce diocèse, digne héritier du siége d'Anthelme, permettez-moi de m'unir aujourd'hui à l'enthousiasme religieux de votre clergé et de votre peuple, pour rendre grâce au ciel de vous avoir constitué le gardien de ces reliques sacrées d'un saint évêque, dont vous nous rappelez le dévouement à la cause de Dieu, la noble fermeté dans la défense des grands principes qui sauvent le monde, fermeté que vous savez si bien unir à la douceur de saint François de Sales.

Vous avez appelé à cette fête de famille un prélat, confesseur de la foi, à qui il a été donné, dans notre siècle, de faire revivre les Athanase et les Chrysostôme par la persécution et l'exil qu'il a eu la gloire de subir pour Jésus - Christ et son Église.

Avant de commencer, prosternons-nous devant cette châsse qui renferme le précieux gage de nos plus chères espérances. Élevons nos esprits et nos cœurs vers celui que Dieu nous a donné pour protecteur devant son trône, et dont les restes sacrés ont appelé aujourd'hui dans le saint temple une foule si nombreuse et si émue. Votre foi me touche profondément; ah! puisse-t-elle aussi m'obtenir la force pour m'élever à la hauteur de ma tâche : c'est la grâce, etc.

Ave Maria.

I

Anthelme religieux.

Anthelme reçut le jour au commencement du XIIe siècle, au château de Chignin, en Savoie, dans une famille déjà illustre par ses aïeux et qui eut la gloire de mêler le sang des saints à celui des héros. Parmi ses ancêtres, de nobles chevaliers s'étaient couverts de lauriers sur les champs de bataille; mais leur gloire militaire s'éclipsa bientôt devant les sublimes caractères de sainteté qu'il fut donné à leur pieux descendant, devenu religieux, puis évêque, de faire briller au milieu des ténèbres du moyen-âge.

En effet, qui parlerait aujourd'hui des comtes de Chignin, si un de leurs fils n'avait attaché au nom de ses ancêtres le souvenir de ses vertus! C'est ainsi que Dieu se plaît à prouver au monde que la véritable grandeur n'est point celle qu'abritent les créneaux des places fortes, mais bien plutôt celle que donne la science couronnée par la vertu.

Anthelme puisa à l'école du foyer domestique cette distinction de manières qui ne s'apprend guère plus tard, cette élévation de sentiments qui ne se perd jamais et qui lui valurent une place distinguée au milieu de la génération des grandes âmes et des nobles cœurs.

Sa mère l'éleva près d'elle, ne voulant pas que d'autres mains que les siennes touchassent à une âme en qui le ciel semblait mettre tant de complaisance. Dès sa plus tendre jeunesse, il fut allaité de sa piété et de son courage chrétien. Son jeune cœur s'épanouit délicieusement à l'ombre de la tendresse maternelle, où il respira une foi vive et une pureté de mœurs que les orages de la jeunesse ne purent altérer. Il connut le monde et ses joies; il y obtint tous les succès qu'une intelligence brillante et un cœur tendre peuvent ambitionner, mais sans que son souffle ne parvînt jamais à effeuiller la couronne d'honneur et d'innocence dont son front resta toujours paré.

A peine eut-il effleuré la coupe des joies mondaines, qu'il en sentit tout le vide, et son cœur commença dès lors à graviter tout entier vers Dieu, en qui il trouva son centre unique. Dieu, en effet, a créé le cœur de l'homme dans son amour, et s'il l'a jeté pour quelques jours en ce monde, c'est afin qu'il remonte librement à Lui. Nous avons tous besoin de Dieu : nos facultés, nos désirs, nos joies, nos douleurs, tout notre être, dans ses plus intimes profondeurs, crie vers Lui. Cette soif infinie est le fond même de notre nature. Quand notre âme, avide d'aimer, ne trouvant que défaillance dans les affections créées, appelle avec angoisse l'amour véritable, c'est Dieu qu'elle appelle ! Nous portons en nous-mêmes un abîme sans fond, un abîme qui élève à chaque instant la voix et réclame son aliment.

Cet abîme de désirs, c'est le besoin de Dieu, c'est la soif du souverain bien, seul capable de nous désaltérer ; c'est la blessure que Dieu a faite à notre âme, en la séparant de Lui, et qui ne se fermera qu'au jour où nous l'aurons retrouvé. Jamais l'océan de notre cœur, creusé pour recevoir l'infini, ne sera rassasié par les misérables joies du fini, goutte d'eau à peine suffisante pour rafraîchir nos lèvres.

Cette soif ardente du souverain bien, le cœur généreux d'Anthelme devait l'éprouver plus vivement que tout autre. Aussi, c'était pour l'étancher qu'il aimait à diriger fréquemment ses pas vers l'heureuse solitude de la chartreuse de Portes. Là, il se plaisait à converser avec ces hommes de Dieu, dont le cœur élevé, insensible aux bruits de la terre, ne connaissait que les joies de l'âme et les rayonnantes clartés de l'infini. Souvent il prenait part à leurs exercices religieux. C'est là que la grâce

l'attendait pour lui livrer un dernier combat, dan
lequel elle devait rester victorieuse.

Heureuses les âmes attentives à ces assauts de
la grâce contre la nature! Quand votre âme sera le
théâtre d'un grand combat entre les inspirations du
ciel et la voix des passions, laissez-vous toujours
vaincre par l'Esprit de Dieu, car c'est vous-mêmes
qui recueillerez les lauriers de sa victoire sur vous

Reçu parmi les disciples de saint Bruno, Anthelme
devint bientôt pour tous un sujet d'admiration par
son humilité, son obéissance et son amour de la
mortification, sa ferveur dans l'oraison et sa fidélité
à tous les points de la règle. La connaissance qu'il
avait acquise des vanités du monde, dont il foulai
aux pieds toutes les espérances, ne pouvait laisse
aucun doute sur la sagesse des inspirations qu
animaient le jeune novice; il eut bientôt le bonheu
de faire ses vœux. Dans cette consécration à Dieu
Anthelme recevait ce second baptême qui, en le
privant de sa liberté selon la pensée du monde, lu
donnait la puissance de poser sur des fondements
inébranlables la liberté du chrétien, qui s'exerce
sous la douce influence de l'action divine. Ce lien
mystérieux, qui unit à Dieu ceux qui, pour son
amour, ont renoncé au mouvement de leur volonté
personnelle, prépare à ces victimes volontaires une
couronne de gloire et un sceptre qui leur assurent
l'empire sur les passions et sur le monde : *Necessitas
firmatæ voluntatis in bonum non minuit libertatem*,
dit saint Thomas.

Heureux de faire abnégation de sa volonté par le
vœu d'obéissance, il comprit que celui qui meurt à

lui-même est plus agréable à Dieu que s'il offrait des victimes; car, en sacrifiant notre volonté au bon plaisir de Dieu, nous lui offrons ce que nous avons de plus cher, ce *moi* toujours plein d'égoïsme, qui remplit notre esprit, fait battre notre cœur et scintille jusqu'à l'extrémité de nos doigts.

Mort à lui-même et au monde, il comprit toute la douceur de la Béatitude proclamée par le Divin Maître : Bienheureux les pauvres d'esprit et de cœur, c'est-à-dire ceux qui sont détachés par l'esprit et par le cœur des biens de la terre, parce que le royaume des cieux leur appartient. Bienheureux celui qui, dans la fleur de la plus vive et de la plus brillante jeunesse, dit adieu à la maison de son père, adieu aux charmes de la vie la plus riante, adieu aux honneurs d'une carrière qui promettait d'être illustre, et se fait pauvre par le sacrifice volontaire. *Beati pauperes spiritu* : Bienheureux ces pauvres inspirés d'en haut, ces pauvres par l'esprit et par le cœur, parce que vient le jour où le royaume des cieux leur appartient.

Il est une parole dans l'Évangile, qu'il n'a pas été donné à tous de comprendre; cette parole, tombée des lèvres de la Sagesse éternelle et recueillie par des âmes éclairées des lumières de l'Esprit de Dieu, a peuplé les déserts de légions d'âmes passionnées pour le sacrifice volontaire, jalouses de conserver l'or d'un cœur pur et désireuses d'expier la soif des honneurs par l'humilité, le feu de la cupidité par la pauvreté et les excès du sensualisme par le renoncement au plaisir. Il n'a fallu que cette parole du Sauveur : « Si vous voulez être parfaits, vendez tout ce que vous possédez et donnez-en le prix aux pauvres, » pour arracher à la dissipation du siècle une foule de chrétiens de toute condition et pour leur faire embrasser avec joie ces austérités qui, les dégageant de la matière et spiritualisant leur corps, les rendent plus agiles à courir dans les voies de la perfection chrétienne. La perfection morale, l'ascension de l'âme sur l'échelle immense et infinie de la gloire divine, voilà la vraie grandeur, qui n'a été sauvegardée que par les maximes de l'Évangile. C'est cette grandeur morale qui honore l'humanité, qui élève l'homme et lui donne la véritable supériorité sur le monde matériel. Le progrès matériel ne suffit pas pour élever les âmes : ni la science humaine ni l'industrie ne font l'homme. Sans doute elles portent avec elles des germes féconds de richesses et de bien-être ; elles honorent une société au dehors, mais par elles-mêmes elles n'améliorent pas les âmes. Au contraire, ne pourrait-on pas dire que le bien-être matériel amollit les cœurs et affadit les caractères ? Vainement chercheriez-vous dans le progrès matériel cette vertu, cette sève intérieure et morale qui élève, épure et anoblit l'homme.

La véritable perfection de l'homme a une sphère plus haute : elle a son siége à la partie supérieure de l'âme ; c'est de là que, soutenue et dirigée par les vérités immuables et divines gravées dans la conscience et promulguées par l'Évangile, elle réprime les instincts égoïstes de notre nature et provoque les instincts généreux, qu'elle seconde par les inspirations surnaturelles de la grâce.

Le véritable progrès et la vraie perfection ne consistent pas à faire dominer son opinion, à imposer à autrui ses convictions, ses intérêts, mais à dompter tous les instincts mauvais du cœur et à régner sur ses passions par le courage chrétien, et sur le monde par le sacrifice de soi. Quiconque a dompté son cœur est plus glorieux que celui qui a démantelé des villes et mis en fuite de nombreux ennemis.

Ce progrès moral, qui a sa source féconde dans les régions de l'infini et qui tend sans cesse à y ramener les âmes, nous le voyons exercer son influence salutaire dans le monde par les ordres religieux du moyen-âge. Ces associations, qui avaient pour base l'autorité et l'humilité, la charité et l'obéissance, pour moyen la prière, la pénitence et le travail, pour but la gloire de Dieu et le salut du prochain, obtenaient pour le bien général une force immense. Leur action s'étendait à toutes les classes de la société et opposait une digue infranchissable aux débordements de l'erreur et des passions. Dans ces jours de ténèbres qui pesaient sur le monde, il existait sur le candélabre de l'Église plus d'une lumière que n'avait pu obscurcir le voile épais qui semblait être sur tous les yeux. Dans le monde, le flambeau de la science n'était pas éteint partout, et sous la pauvreté de l'habit monastique on trouvait souvent une mâle éloquence jointe à une vaste érudition et une grande élévation de pensées unie aux sentiments les plus généreux. L'Église trouvait dans ce foyer de lumières une glorieuse protestation contre les abaissements des intelligences à cette époque. Vraies forteresses des dogmes catholiques et de toutes les vertus, les ordres religieux brillaient par un enseignement toujours pur et toujours solide.

C'était dans un de ces sanctuaires de la science et de la vertu qu'Anthelme exerçait son âme à la pratique des sublimes vertus qui devaient faire de ce saint une des plus grandes gloires de l'Église de son temps. Là, il développait sa forte intelligence par l'étude des saints livres ; toutes les puissances de son âme se concentraient dans une vive aspiration vers l'idéal de toute perfection : la souveraine beauté. Il cherchait Dieu, il en avait soif ; il brûlait de sentir sa présence et de s'entretenir avec Lui. De là cet attrait d'un pieux isolement au pied des autels. La solitude avec Dieu, dans la contemplation, admirable piédestal d'où l'âme regarde la terre de loin, et, libre des entraves matérielles, s'élance dans l'infini, s'y plonge, le respire et le possède ; la solitude avec Dieu, par la prière et l'extase, lui paraissait le plus beau séjour de l'âme et comme le vestibule du séjour de Dieu. Sa riche imagination, guidée par sa foi, lui en retraçait les hautes délices avec une sainte volupté et d'ineffables ravissements. Les yeux fermés au monde et à ses jouissances mensongères, toutes les forces de sa pensée et de ses affections se dirigeaient vers le monde des esprits et la lumière incréée. L'ombre des visions célestes flottait autour de son front et un reflet du jour éternel semblait colorer sa vie.

C'est ainsi que la solitude était pour Anthelme une école de science divine et de sainteté, où son esprit, purifié et séparé, pour ainsi dire, de son corps, devenait tous les jours plus apte à recevoir les divines impressions de la grâce.

Il goûtait, dans la chaste limpidité de son âme, le bonheur d'être mort au monde et de ne plus vivre que pour Dieu, lorsque l'obéissance l'obligea à quitter la chartreuse de Portes pour prendre le gouvernement de la Grande-Chartreuse.

Il trouva l'asile de saint Bruno livré à la plus vaste désolation ; mais les ruines matérielles n'étaient qu'une faible image des ruines et des désastres amoncelés au fond des âmes par la chute de la discipline. Au jour de la destruction du temple de Jérusalem et de leur départ pour la captivité de Babylone, les enfants d'Israël avaient jeté les charbons du feu sacré dans les ruines d'une citerne ; là, ils se changèrent en un limon impur. A leur retour de l'exil, ils prirent cette boue, la posèrent sur l'autel du Seigneur, et aussitôt que le premier rayon du soleil se fut abaissé sur elle, on vit s'en dégager une flamme vive et pure : le feu sacré avait reparu.

Tel fut le prodige opéré à la Grande-Chartreuse par l'arrivée d'Anthelme : à la clarté de ses mâles vertus, au rayonnement du foyer d'amour qu'il portait en son âme, à la sagesse et à la prudence de son gouvernement, le feu sacré se ranima. L'état du couvent était tel qu'il eut déconcerté une âme moins généreuse et moins énergique que la sienne. Il fit appel à sa foi et à la confiance que faisait naître en lui la mémoire du saint fondateur, dont les échos de ces lieux vénérés disaient encore les éclatants exemples de sainteté qu'il avait laissés en héritage à ses

enfants. La vie ángélique, les sacrifices sans nom
bre, l'abnégation la plus entière, les austère
pénitences des premiers Pères élevés à l'école d
saint Bruno, tous ces grands souvenirs parlèrent a
cœur d'Anthelme et lui inspirèrent une force d'âm
que rien ne put abattre.

Il procéda au rétablissement de la discipline et
la réforme des religieux, bien plus par l'ascendar
de ses exemples que par la sévérité de ses décrets

Bientôt les ruines du sanctuaire furent relevée
avec plus de splendeur que jamais. Lorsque Esdra
entreprit de relever le temple du vrai Dieu, le
anciens versaient des larmes de tristesse en compa
rant la pauvreté du second temple avec la richess
du premier. A la résurrection de leur monastère
les vieillards de la Grande-Chartreuse pleuraient d
joie et chantaient les miséricordes du Seigneur, qu
n'avait permis les ruines de sa maison que pour l
refaire plus somptueuse. Plus les temps du Messi
approchaient, plus la religion juive donnait de
signes de décadence; mais, dans la religion immor
telle, qui marche sans cesse, se rajeunissant tou
jours, les splendeurs faites de la main des homme
sont le signal des beautés éternelles.

Anthelme, qui avait hérité de l'esprit de sain
Bruno, laissa comme lui un nom immortel parm
les hommes. En reconstruisant le temple matériel
il n'oubliait point de jeter en son âme les fondement
solides du sanctuaire qu'il élevait à Dieu, et le
occupations extérieures ne parvinrent jamais à l
soustraire à l'union avec Dieu :

« O arbres séculaires de ces saintes forêts

témoins augustes des vertus de notre saint, redites-nous combien de fois vous le vites, sous l'ombre de vos feuillages, recevoir les lumières de l'Esprit divin, quand il vaquait à la méditation des choses célestes. Combien de fois aussi l'ouïtes-vous, non pas troubler, mais honorer votre solitude par ses élans d'amour, quand son âme s'épanchait devant Dieu et qu'il laissait échapper de son cœur les flammes ardentes qui l'embrasaient de charité pour ses frères et de zèle pour la gloire de Dieu. »

Telles étaient les dispositions de cette grande âme, quand l'épreuve, qui est la manne des élus, vint le visiter. Jusque-là, Anthelme n'avait rencontré que l'affection; il l'avait possédée dans sa famille et aux bancs de l'école; il l'avait conquise dans le monde par son aménité et la distinction de ses manières; il l'avait obtenue de ses frères et de ses supérieurs à la chartreuse de Portes. Mais, quand il fut parvenu à la virilité de l'âge et du bien, son exemple effraya quelques-uns des religieux placés sous sa conduite; ils ne purent supporter la splendeur d'une régularité qui accusait leur relâchement. Il connut l'envie et la haine, d'autant plus puissantes qu'elles sont davantage contre nature quand elles sortent de cœurs où la charité doit régner. La paix et la prospérité sont comme une force centrifuge qui dissipe, évapore notre âme et la répand vers les objets extérieurs et sensibles. La persécution et l'épreuve, au contraire, resserrent l'existence en Dieu, elles ramènent tout au centre qui est Dieu.

L'épreuve est comme le grand artiste du monde, qui nous sculpte à la fine pointe du ciseau, pour nous façonner à l'image de Jésus-Christ. La persécution, supportée noblement, est presque toujours le signe d'une grandeur à venir ou le couronnement d'une grandeur passée. L'épreuve prépare ou consomme la perfection d'une âme sur laquelle Dieu a de grands desseins.

A l'exemple de son Maître, Anthelme accepta le calice d'humiliation qui lui avait été préparé. La calomnie et ses traits acérés transpercèrent son cœur; il courba la tête sous les coups de l'orage, non par faiblesse, mais par confiance en son Dieu. Il porta la croix avec amour, comme son divin Sauveur, jusqu'au jour où le Souverain Pontife, qui avait été trompé, lui rendit toute justice et tout honneur. Cette épreuve, généreusement acceptée, devint pour lui et pour l'Église féconde en bénédictions. C'est dans ce creuset, où Dieu épure son or, que se préparait le saint pontife qui allait monter sur le siége de Belley, pour y faire asseoir avec lui la science et la vertu, la fermeté et la charité d'un apôtre qui devait avoir jusqu'à nos jours de glorieux et nobles imitateurs.

II

Anthelme, évêque.

1º SON AMOUR POUR LES AMES

Les temps étaient mauvais; l'empire, armé contre l'Église, soufflait la discorde jusque dans le cénacle du sacré collége des cardinaux. Les peuples étaient opposés aux peuples, les républiques aux républiques. Chacun ne prenait ses inspirations que dans son intérêt ou ses passions. Les malheurs de la sainte Épouse du Christ ne faisaient plus d'impression sur l'esprit des princes : plusieurs abreuvaient son cœur d'amertumes et couvraient d'opprobres la face auguste de cette Mère qui n'avait que des bénédictions à opposer à leurs outrages. Frédéric, qui portait alors la couronne de l'empire d'Allemagne, était un véritable fléau pour l'Italie et le monde chrétien. Pour se venger des censures qui l'avaient frappé, ce prince voulut faire un pape dont les anathèmes ne le feraient plus trembler. Quelques cardinaux, intimidés par ses menaces ou gagnés par ses promesses, élurent un antipape, et le vicaire légitime du Christ fut contraint de prendre le chemin de l'exil.

L'épreuve fut douloureuse pour l'Église, et le scandale immense pour les esprits faibles.

D'un autre côté, c'était l'ignorance dans le clergé, la ruine de la discipline et de la morale, l'avilissement des choses saintes et les abus de la simonie, favorisée par l'ambition des grands, qui désolaient l'Église.

L'irruption des barbares, arrivée au commencement du moyen-âge, n'avait été que l'image d'une invasion plus dangereuse pour le monde chrétien, le prélude de cette triple coalition de l'ignorance, du vice et de la cupidité, ligués pour éteindre toute lumière et flétrir toute vertu.

Le moyen-âge vit cet abîme dilater ses entrailles

pour engloutir la religion et la société; mais Dieu, qui veille toujours, sauva l'Église par ses saints, et avec l'Église, la société.

C'est ainsi que dans tous les temps, au milieu des grandes luttes de l'erreur contre la vérité, du vice contre la vertu, Dieu, à un moment donné, fait éclater sa force divine. Comme il a suscité la race héroïque des martyrs pour confondre le paganisme, il suscite de nouveau, à son Église en péril, de vaillants et saints évêques; jamais les défenseurs illustres ne manquent à la cause de Dieu. Au fort de la mêlée, on les voit surgir à propos, dominant tout de la taille et de la voix. Le roi immortel dont ils sont les soldats, les arme lui-même de pied en cap pour les grands combats de la pensée et de la parole. Il leur ouvre tous les trésors de la science et de la sagesse, cachés en Jésus-Christ. Les grandes âmes des apôtres revivent en leur âme; ils portent au front l'empreinte lumineuse de leurs communications avec le Très-Haut; et quand la poussière d'un écroulement social, la fumée d'un incendie ou les nuages condensés de l'erreur et du mensonge enveloppent les esprits et les cœurs d'une épaisse nuit, merveilleuses constellations de l'intelligence et de la foi, ils montent à l'horizon, versant des flots de lumière au milieu des ténèbres et marquant au ciel le pôle immuable d'un monde nouveau.

Anthelme fut une de ces étoiles d'espérance et de salut, envoyée de Dieu pour guider les âmes au milieu des obscurités et de la dégradation du moyen-âge.

Le siége de Belley était vacant. Par une sorte de miracle et d'inspiration divine, le clergé et le peuple jetèrent leur choix sur le disciple de Bruno.

Chacun lui donna son suffrage et le demanda pour évêque.

A la nouvelle de son élection, Anthelme, pour se soustraire à la dignité épiscopale, sollicite la faveur de rester enseveli dans sa paisible retraite. A la pensée d'une dignité formidable aux anges eux-mêmes, son humilité est alarmée; les redoutables fonctions d'un évêque chargé du troupeau et des pasteurs lui paraissent un fardeau bien au-dessus de ses forces. Cependant, la voix de l'obéissance, si puissante sur le cœur d'un fidèle ministre de Jésus-Christ, devait vaincre ses résistances : un ordre du pape le force de courber la tête et de s'incliner sous la charge imposante du gouvernement des âmes. Il comprit tout ce qu'il y a de fort dans cette parole de l'Apôtre : « Obéissez à ceux qui sont vos supérieurs, car ils veillent pour le bien de vos âmes. » Anthelme est consacré de la main du pape, il reçoit la plénitude du sacerdoce : l'épiscopat.

Dès cet instant, il n'a plus seulement pour mobile de sa vie les intérêts d'un ordre monastique, mais il aime comme son Maître; il embrasse l'univers dans son zèle. Il n'a plus qu'une soif, celle des âmes. Sa mission, il la comprend : c'est de préparer les voies de Dieu dans les âmes : *Parare viam Domini.* Grande et belle mission qu'aucun pouvoir humain n'égalera jamais!

Le magistrat, placé comme un rempart sacré,

sur les hauteurs des sociétés, pour sauvegarde
les intérêts de la justice et de la morale publique
le guerrier, qui veille aux confins de la patrie e
qui consent pour sa gloire au sacrifice de sa vi
dans un sillon obscur; le roi, sur son trône, qu
préside aux destinées des nations, remplissen
une tâche glorieuse et providentielle; tout cela es
beau et digne d'honneurs. Mais il y a encore un
mission plus élevée, plus sublime, plus divine
c'est celle de l'évêque, constitué comme un
sentinelle vigilante, dans l'Église de Dieu, pou
défendre le bercail de Jésus - Christ contre le
envahissements de l'impiété et de l'érreur.

L'évêque est chargé de répondre à l'ange qu
préside aux destinées du royaume de Dieu dan
les âmes. Chaque matin, il doit se rendre à l'appe
de son Maître, qui lui donne rendez-vous sur le
hauteurs du Thabord eucharistique, en lui disant
« Sentinelle de l'éternité, qu'avez - vous aperçu
dans les ténèbres de la nuit des passions? *Custo*
quid de nocte? Sentinelle, redites-nous les projet
des pervers : *Quid de nocte?* »

Cet ange, revêtu d'un corps mortel, qu'on nomm
l'Évêque, *episcopus*, n'a qu'une mission, celle d
préparer les voies du Seigneur, de faire tomber le
obstacles qui empêchent Dieu d'entrer dans le
âmes et de sauver l'humanité en la ramenant san
cesse sur la route de ses glorieuses destinées

Anthelme comprit que le cœur d'un évêque devai
être grand et généreux, aimant le beau et le bier
jusqu'à l'enthousiasme et prêt à défendre, au prix
de son sang, les intérêts de la gloire de Dieu et d

son Épouse immortelle. Il sentit toute la vérité de la parole du Maître : « Vous êtes le sel de la terre : *Vos estis sal terræ.* »

A l'approche de la sagesse et de la science de l'évêque, la corruption et le vice doivent s'enfuir.

Revêtu de la dignité épiscopale, il parut moins un homme qu'un ange. Sa vertu, déjà éminente, reçut un nouvel accroissement. La charité que saint Basile regarde comme la plus précieuse des vertus dans un évêque, vivante image du Bon Pasteur, devint le miroir limpide et pur dans lequel on pouvait contempler sa belle âme.

Aussitôt qu'il eut accepté la part qui lui était échue dans le vaste empire des âmes, Anthelme ne connut plus qu'une soif brûlante et vaste comme celle de son Maître, la soif des âmes; et quand il descendait de l'autel, comme Moïse du Sinaï, le visage transfiguré, le cœur plein d'émotions, il demandait des âmes à sauver. Sa tendresse de père et d'ami des âmes s'exhalait en sentiments de reconnaissance d'avoir été trouvé digne de parler des âmes à Dieu et de Dieu aux âmes : merveilleux colloque du prêtre avec Jésus-Christ, heureuses fiançailles que le prêtre contracte avec les âmes, au jour où il monte pour la première fois sur la montagne sainte pour s'enivrer d'enthousiasme et d'ardeur dans la mission du salut des âmes. Heureux le prêtre qui, comme David paissant les troupeaux de son père, s'est dit avec amour dans l'intime de son cœur, en considérant le troupeau que Dieu lui a confié : « Voici la portion de mon héritage, mon trésor, mon bien, ma vie : *Hæc est pars hæreditatis meæ.* »

Les saints et les amis de Dieu, seuls, savent aimer les âmes. Le monde n'aime pas les âmes, il ne sait que les pervertir, parce qu'il en ignore la beauté et le prix. Une âme, en qui Jésus-Christ a gravé son image et ses traits par les rayonnantes clartés de la grâce, l'emporte infiniment en beauté sur toutes les magnificences du monde physique. Oui, dans l'universalité pleine d'harmonie des êtres, les âmes ont une beauté que le vice lui-même, avec ses noirceurs, ne peut pas complètement altérer. L'homme, il est vrai, possède une toute-puissance de crime effroyable, et pourtant il ne peut pas détruire entièrement la beauté de son âme. Ce qu'il en reste, même après qu'il l'a souillée, est plus riche de gloire et de beauté morale que tout l'univers avec ses myriades de mondes étincelants. Le pécheur est une intelligence dégradée, il est vrai; mais cette intelligence n'a pas perdu la capacité ni la puissance de comprendre Dieu, de l'aimer, de le servir. Une sainte disait : « Si l'on pouvait voir la beauté d'une âme régénérée par Jésus-Christ, transfigurée par la grâce, on ne pourrait plus rien regarder ici-bas ; nulle beauté créée ne pourrait plus nous séduire. »

Cette beauté, que le monde ne voit pas, nous, prêtres de Jésus-Christ, nous l'entrevoyons; elle perce à travers l'humanité, elle nous séduit, non pour un jour, comme la beauté humaine, mais avec la puissance de l'éternité. Cette beauté incomparable des âmes, leur valeur immortelle, saint Paul les avait comprises lorsque, dans ses transports d'amour, il consentait à être privé de la récompense qu'il avait méritée par ses travaux apostoliques, pour obtenir le salut de ses frères, et qu'il désirait être anathème pour leur procurer la gloire du ciel : *Optabam enim ego ipse anathema esse a Christo pro fratribus meis.* Il disait encore tous les jours : « Je meurs consumé du désir de sauver vos âmes : *Quotidie morior propter vestram gloriam.* »

Cette tâche, glorieuse et pleine d'angoisses, d'enfanter au salut des âmes créées de Dieu, rachetées du sang d'un Dieu et appelées à posséder Dieu dans les splendeurs de l'éternité, Anthelme l'embrassa avec un amour généreux. Il ne se contenta point d'envoyer des ouvriers, pleins de foi et de zèle, travailler à la vigne qui lui avait été confiée, mais il apportait lui-même le tribut de ses sueurs ; il parcourait son vaste diocèse, répandant partout le feu de sa charité. Rien n'arrêtait son ardeur dans ce travail de la sanctification des âmes. Comme l'Apôtre, il se faisait tout à tous, et, comme son divin Maître, il passait en faisant le bien, consolant les affligés, soulageant les malheureux, instruisant les ignorants : *Transibat benefaciendo.* Et si des cœurs restaient endurcis aux accents de sa voix, il ne cessait pas de les traiter avec douceur et tendresse, selon la parole de l'Apôtre : « Reprenez avec mansuétude ceux qui résistent à la vérité, dans l'espérance que Dieu changera leur esprit. » Dans ses courses évangéliques à travers les montagnes et les plaines du Bugey, le pieux évêque rallumait partout sur son passage le feu sacré de l'amour divin. Les pécheurs se convertissaient; les haines et les divisions étaient étouffées. Colombe aux yeux calmes et doux, son âme portait partout avec elle le rameau de l'espérance, de la paix et du salut. La charité, qui brillait dans ses regards et dans toutes ses paroles, attirait autour de lui les populations. Chacun venait avec confiance demander au saint la lumière éternelle et le pardon de ses faiblesses. Son tendre cœur accueillait avec une bonté ineffable cette foule, dans laquelle il ne voyait que des enfants à bénir et des frères à relever.

Tantôt, comme le Bon Pasteur, on le voyait descendre avec une patience angélique au fond des ravins et des précipices creusés par le vice, afin d'y chercher la brebis égarée ; tantôt, comme l'ange de l'Éden, on l'entendait, armé du glaive de la parole de Dieu, tonner contre les désordres et les scandales. Ici, sa voix grave et majestueuse appelait le peuple à faire pénitence ; là, suave et douce comme celle d'une mère, elle consolait et encourageait les faibles et les affligés. Partout, c'étaient l'éloquence et la tendresse d'un ami et d'un père.

Heureux les peuples qui ont entendu la voix des saints ! Heureuses les âmes sanctifiées par l'éloquence qui a son foyer dans l'amour de Dieu ! Ces évêques, apôtres et docteurs, n'ont-ils pas toujours vécu parmi vous, heureux habitants du diocèse de Belley ? Anthelme ne revit-il pas encore aujourd'hui dans la personne du vénéré pontife que Dieu vous a donné, dans ses desseins de bonté et de miséricorde ?

Ne le voyez-vous pas chaque année aller féconder de ses sueurs et des larmes de son cœur le sol de vos paroisses, le parterre de son auguste épouse, l'Église de Belley ? Quelle est la cité, quel est le hameau qui n'a senti les étreintes de sa charité, qui n'a été éclairé des vives lumières de sa foi, embrasé de son zèle et de son amour des âmes? Habitants des campagnes, qui de vous n'a senti son cœur pris d'une sainte émotion et de douces larmes couler de ses yeux, quand il vous a été donné d'incliner votre tête sous sa paternelle bénédiction. Remerciez le ciel, qui a été si généreux pour vous.

2º SON AMOUR POUR L'ÉGLISE

Voilà comment Anthelme comprit sa mission d'évêque. Il aima les âmes, il les épousa. Toutes les pulsations de son cœur étaient un élan d'amour pour les âmes, qu'il aurait voulu sauver, comme saint Paul, au prix de son sang. Son cœur d'évêque, magnanime comme celui du grand apôtre, embrassait l'Église tout entière dans les étreintes de sa charité. Son dévouement pour la cause de Dieu lui inspira un courage héroïque en face des pouvoirs de la terre, et nulle puissance humaine ne put jamais lui faire déserter la cause de la vérité : ni la crainte des hommes, ni le désir de leurs faveurs.

Nous l'avons dit, l'évêque est une sentinelle dans le camp du Seigneur, destinée à veiller sur l'honneur de l'Église, son épouse immortelle. Ce poste échu à l'évêque lui est glorieux, mais difficile et périlleux. Quoi de plus digne d'admiration qu'un pontife promenant sur l'Église un regard que rien n'endort, toujours prêt à jeter le cri d'alarme, à signaler l'ennemi et à lui tenir tête! Ces invincibles champions de la cause de Dieu, ne les voyons-nous pas, de nos jours, serrés autour de la chaire de

Pierre, nombreux comme les astres du firmament, puissants comme une armée rangée en bataille?

L'évêque, il est vrai, doit être de son siècle, pour étudier ses besoins, sonder ses blessures et y verser l'huile du bon Samaritain, mais non pour pactiser avec ses vices et ses erreurs et le flatter aux dépens de la vérité qui doit rester vierge sous son égide.

Tels furent le caractère d'Anthelme et sa fermeté en face des ennemis de l'Église.

L'héritage de Jésus-Christ, l'Église, était alors en proie à une désolation profonde, causée par le schisme qui la divisait. On voyait sur le même trône un pontife légitime et un pontife usurpateur, l'un se soutenant par la justice de sa cause et l'autre par l'ambition et la violence d'un empereur devenu la terreur de l'Église. Les ténèbres amoncelées par le mensonge et les artifices de la politique s'efforçaient d'obscurcir la vérité et la justice. Les droits étaient confondus, et les princes chrétiens, dominés par leurs intérêts privés ou par leurs passions, se montraient insensibles aux malheurs de l'Église.

Cette épreuve prouva plus que toute autre l'assistance divine qui est dans l'Église. Une place forte peut se défendre contre les ennemis du dehors par la vaillance de ses guerriers; mais quand les ennemis du dehors trouvent des alliances perfides au dedans, c'en est fait de la place. L'Église avait grandi, les pieds dans le sang; mais ce sang, généreusement répandu, avait été fécond en fruits de salut; le sang des martyrs avait été une semence de nouveaux chrétiens. Alors la persécution venait du dehors. Mais, durant le schisme d'Octavien, elle trouva ses ennemis parmi ceux qui avaient mission de la défendre, et pourtant elle resta inébranlable devant l'assaut que lui livrèrent les passions soulevées par l'ambition d'un prince puissant. Oh! elle est divine, puisqu'elle est impérissable. Ne tremblons jamais pour l'Église, mais tremblons pour ses ennemis ; car il y a trois choses ici-bas qui resteront à jamais inséparablement unies dans le temps et l'éternité : ce sont Dieu, Jésus-Christ et l'Église. Celui qui fait la guerre à l'Église la fait à Jésus-Christ qui l'a fondée, celui qui attaque Jésus-Christ attaque Dieu, et alors vient le jour où se réalise la parole du prophète : *Ubinam sunt, cessare faciam ex hominibus memoriam eorum.* Où sont-ils ces insensés, afin que j'efface du monde la trace de leurs pas ?

Le passager, qui monte pour la première fois sur un navire, tremble au moindre souffle des vents ; mais le vieux matelot, qui a été souvent battu par les orages, demeure calme et impassible. Se souvenant qu'il a toujours échappé aux abimes ouverts sous ses pas, il se confie dans la force de son navire et il continue hardiment sa route sur les plaines mobiles de l'océan. Pour nous, enfants de l'Église, nous n'oublions pas les orages des temps passés ; ils nous sont un gage de ses futurs triomphes.

L'Église possède, à nos yeux, une triple consécration : celle de l'Évangile, celle de l'antiquité et celle de toutes ses luttes victorieusement soutenues. Aussi la tempête soulevée contre elle par le schisme de l'antipape Octavien n'a fait que la rajeunir sans l'ébranler. Dans cette douloureuse lutte de l'Église contre le despotisme, Anthelme eut la gloire de devenir l'ennemi personnel de l'empereur Frédéric, fauteur du schisme, à qui il avait été désigné comme un des plus intrépides défenseurs de la cause du pape exilé. Les périls à affronter et les obstacles à surmonter pour guérir cette plaie de la société auraient paru insurmontables à tout autre qu'à Anthelme. Mais notre saint pontife, armé d'une force de caractère inébranlable et d'une rectitude de jugement inflexible, osa entreprendre une lutte à outrance contre le tyran de l'Église. On le vit parcourir les villes et les provinces, visiter les évêques et les religieux, au risque de tomber dans les piéges partout dressés sous ses pas, pour ramener les peuples, le clergé et les couvents à l'obéissance due au légitime vicaire de Jésus-Christ, plaidant devant les rois indifférents la cause d'un pape errant et abandonné, joignant aux fatigues de ses longs voyages ses prières et ses mortifications. Son zèle ne connut point de bornes, tant qu'il vit la justice foulée aux pieds. Toujours inaccessible à la crainte et toujours au-dessus des considérations humaines, il ne donna de repos à son ardeur que lorsqu'il eut la consolation de voir le légitime successeur de Pierre devenu paisible possesseur de son siége.

Il y a une magnanimité chrétienne qui, s'élevant au-dessus des craintes et des complaisances humaines, après avoir rendu aux puissances de la terre ce qui leur est dû, reconnaît en même temps qu'il n'y a qu'un seul maître, un seul souverain qui est au ciel et qui est Dieu; et si l'Évangile nous ordonne de rendre à César ce qui est à César, cette même loi ordonne aux souverains de rendre à Dieu

et à son royaume l'Église ce qui leur est dû. C'était cette maxime qui avait inspiré à Anthelme un noble courage en face du despotisme que Frédéric faisait peser sur l'Église.

Plus tard, on le vit lutter avec la même vigueur de volonté et la même fermeté évangélique contre Humbert de Savoie. Ce prince était pieux et animé d'une foi vive ; mais, entouré de courtisans ambitieux et cupides, il avait cédé à leurs funestes conseils. Non content de s'approprier injustement les revenus ecclésiastiques des bénéfices vacants, il avait fait arrêter, au mépris des lois les plus sacrées du temps, un prêtre appartenant au diocèse d'Anthelme. L'évêque, après avoir inutilement donné au prince plusieurs admonestations paternelles, porte contre lui une sentence d'excommunication. Le prince en appelle au pape. La cour de Rome, mal informée, rend un jugement favorable au comte et demande à l'évêque de Belley de lever l'interdit porté contre lui. Mais Anthelme, fort de son droit et invariable dans son amour pour la justice, maintient la sentence d'excommunication qu'il avait portée contre le prince et le force bientôt à venir réclamer son pardon avec la promesse de réparer ses torts.

Voilà comment Anthelme accomplissait la parole sacrée : *Qui per fidem vicerunt regna, operati sunt justitiam adepti sunt repromissiones, obturaverunt ora leonum :* Il était de ceux qui par la foi ont vaincu les royaumes, accompli la justice, obtenu les promesses et fermé la gueule des lions.

Telle est la puissance de la foi, qui, dès l'origine

du christianisme, nous fait admirer dans ses pontifes une vigueur de caractère et une énergie de volonté pour la liberté de l'Église, si étonnantes que les siècles antérieurs n'avaient jamais rien contemplé de semblable. Tel on vit saint Ambroise arrêter un puissant empereur sur le seuil du temple sacré et lui interdire de venir dans l'assemblée des fidèles élever vers le ciel des mains teintes du sang de ses sujets, jusqu'à ce qu'il ait effacé par les larmes du repentir les taches qui souillaient sa conscience et déshonoraient la pourpre impériale.

Pour effrayer Athanase, Hilaire et Basile, quatre empereurs épuisent tout ce que le pouvoir a de menace, tout ce que la duplicité a de ruse; mais leur puissance, si souvent victorieuse des barbares, tombe vaincue aux pieds de trois pontifes sans force et sans fortune. Ah! c'est que ces potentats avaient trouvé des évêques!

Anthelme était de la génération de ces grands évêques dont les siècles chrétiens ont admiré la fermeté, et qui ne connurent jamais d'autres mobiles d'action que le devoir et les droits inaliénables de l'Église du Christ. Suivez-le sur le champ de toutes les glorieuses luttes qu'il a soutenues pour la cause de Dieu, vous le verrez toujours confondre l'erreur et démasquer le mensonge avec l'inflexible énergie d'un apôtre de Jésus-Christ. A la vue de ce noble courage, ne vous semble-t-il pas entendre tomber de ses lèvres le sublime *non possumus* que prononçait saint Pierre devant le tribunal de ses ennemis à Jérusalem et à Rome, et que l'Église ne cessera de redire, jusqu'à la fin des temps, à toute puissance humaine qui se dressera pour lui disputer l'empire des âmes.

Depuis la venue du Fils de Dieu, la vérité divine n'a plus quitté les horizons de l'humanité ; elle s'est incarnée dans l'Église du Christ, où elle a pour organe les pontifes, successeurs des apôtres à qui Jésus-Christ a promis son assistance ; pour empire, le monde qu'elle a mission de conduire à Dieu, et pour limites, la durée des siècles, car la vérité est éternelle comme Dieu. Voilà pourquoi la vérité divine, sur les lèvres des pontifes de l'Église, n'a jamais pactisé avec l'erreur. L'Église a vu, dans le cours des âges, tantôt l'anarchie tantôt le despotisme vainqueurs la terrasser un instant aux yeux de l'univers et, plaçant sur son sein virginal leur pied triomphant, lui demander une seule parole d'erreur ou de silencieuse adhésion ; et, à toutes les époques, l'Église, libre ou opprimée, a répondu par la voix de ses pontifes : Je ne puis taire la vérité, je suis venue pour rendre témoignage à la vérité : *Ego veni ut testimonium perhibeam veritati;* je ne puis parler contre la vérité. Sublime impuissance de l'Église, ma mère, vous êtes sa vraie puissance et la preuve la plus sûre de sa mission divine. O Église, glorieuse épouse du Christ, vous n'êtes donc pas l'ouvrage de l'homme, puisque vous ne pouvez mentir et que tout homme ment : *Omnis homo mendax.* Vous êtes donc inséparablement unie à Dieu, puisque la vérité c'est Dieu : *Deus veritas est;* c'est son verbe, son fils, Dieu fait homme, Dieu incarné, pour nous apporter la vérité : *Vidimus eum plenum gratiæ et veritatis.*

Quel spectacle, mes frères, celui que nous offr
l'Église par ses milliers de pontifes, inébranlable
dans leur amour pour la vérité. Quelle est belle l
sainte Église dans cette attitude invincible. Quell
est glorieuse, lorsque, en face des persécuteurs
elle aime mieux laisser répandre par torrent l
sang de ses martyrs, jeter dans ses cachots se
confesseurs et ses vierges, que de laisser périr u
seul iota de la vérité qu'elle a reçue en dépôt d
ciel.

Quelle est ravissante, lorsque de siècle en siècle
par la bouche de ses pontifes sortis du milieu d
la race humaine, pour monter sur la chaire d
Pierre, elle fait entendre au monde son *non pos*
sumus, en face de l'hérésie, qui voudrait dénature
son dogme; en face du schisme, qui tente de brise
les anneaux de sa hiérarchie et en face de la pas
sion couronnée, qui lui demande des accommode
ments avec l'erreur et le mensonge.

Fidèle à sa mission d'apôtre soldat dans la milic
du Christ, Anthelme ne posa jamais les armes. I
avait compris que l'évêque a été constitué sentinell
dans le camp du Seigneur, pour veiller à la défens
de la vérité, aux dépens mêmes de sa vie. Il savai
que la glorieuse épouse de Jésus-Christ est essen
tiellement militante ici-bas, et qu'elle ne doi
attendre de repos qu'au ciel où elle sera l'Églis
triomphante, parce qu'elle aura vaillamment com
battu et qu'elle aura été la mère de ses généreu
enfants les martyrs, qui, selon l'énergique expres
sion de saint Cyprien, peuvent être tués, jamai
vaincus : *Occidi potest, vinci non potest.*

Apprenons, mes frères, de votre glorieux pontife et patron saint Anthelme à garder fidèlement en nos âmes les grands principes de la vérité et de la foi chrétienne. Sachons jeter l'ancre de notre intelligence dans l'océan immuable de la vérité divine, et préserver notre foi de toute doctrine hostile à la vérité catholique.

Parvenu au terme de sa glorieuse carrière d'apôtre, Anthelme goûtait la sérénité et les ravissements d'une âme qui n'avait eu d'autre mobile d'action que la gloire de Dieu et l'amour de la vérité. Comme l'apôtre des nations, il put entonner le cantique sacré de la délivrance, le chant du triomphe : *Bonum certamen certavi, cursum consummavi, fidem servavi.* Il avait combattu le bon combat, achevé sa glorieuse course et gardé intact le dépôt sacré de la foi.

Résumons l'éloge de notre saint et bien-aimé patron, en empruntant les paroles dont l'écrivain sacré se sert, pour louer la vie et célébrer les vertus des grands personnages de l'ancienne loi : il fut aimé de Dieu et des hommes, sa mémoire est restée comme une bénédiction. Le Seigneur lui a donné la gloire des saints ; il l'a rendu grand et redoutable à ses ennemis ; et par ses paroles, il a apaisé les monstres : *Dilectus Deo et hominibus, cujus memoria in benedictione est. Similem illum fecit in gloria sanctorum, et magnificavit eum in timore inimicorum, et in verbis suis monstra placavit.* Il l'a élevé en honneur devant les rois, il lui a dicté ses ordonnances devant son peuple, et il lui a fait voir sa gloire. Il l'a sanctifié dans sa foi et dans

sa douceur, et il l'a choisi entre tous les hommes
Glorificavit illum in conspectu regum, et jussit ill
coram populo suo, et ostendit illi gloriam suam. In
fide et lenitate ipsius sanctum fecit illum et elegit eum
ex omni carne.

Arrêtons-nous, mes frères, à l'ombre de cette
grande et noble figure de saint Anthelme, dont
nous n'avons pu, à notre grand regret, vous faire
contempler que quelques traits affaiblis. Qu'il est
consolant pour l'âme chrétienne, attristée par le
spectacle de tant de ruines et de tant de défaillances
que présentent les sociétés modernes, de pouvoir
se reposer dans le souvenir d'un élu de Dieu, dont
la vie a été une lutte ardente, infatigable et sublime
contre toute bassesse et tout égoïsme; et qui a su,
comme un autre Noé, bâtir sur l'océan du monde
l'arche du salut, en y appelant toutes les âmes de
bonne volonté.

Et maintenant, prosternés devant cette châsse
précieuse qui renferme les restes vénérés de celui
qui fut dans le cloître une âme si généreuse, et dans
le monde, un évêque si dévoué à l'Église, nous
lui dirons avec un accent pénétré d'amour et de
confiance : « O saint et bien-aimé Père, soyez-
nous propice devant le trône de Dieu. Protégez
l'Église de la terre, qui vous a enfanté à celle de
l'éternité. C'est pour cette fille du ciel que nous
vous adressons aujourd'hui nos vœux les plus
ardents. Conservez-lui ses nobles légions d'apôtres, ses pacifiques phalanges de vierges, martyrs
volontaires de leur charité, et ses courageux pontifes groupés comme une armée invincible autour

de la chaire de Pierre. Dissipez les ombres que l'erreur et le mensonge s'efforcent d'amonceler autour d'elle. Dessillez les yeux de tous ses calomniateurs, afin que, vaincus par l'éclat de sa lumière et la puissance de sa grâce, ils tombent bientôt à ses genoux, en redisant avec foi : « Celle-là était « vraiment l'épouse du Christ. »

L'Église, nous le savons, n'a rien à craindre des tempêtes soulevées contre elle, car elle a les promesses de l'éternité. Que les mondains espèrent dans leurs armées, pour nous enfants de l'Église, nous espérons dans le nom du Seigneur : *Nos autem in nomine Domini.*

O épouse de mon Sauveur, ô mère auguste et immortelle de tous les saints, *Alma parens Deorum;* plus d'une fois déjà, tu as entendu gronder l'orage, tu as vu la foudre sillonner ton ciel, tu as entendu mugir les flots des passions humaines, et tu as vu les abîmes creusés sous tes pas, mais tu n'as jamais tremblé! Que pourrais-tu craindre, ô Église, tu portes à l'humanité le Christ Jésus, et tu le porteras jusqu'à la fin des siècles à toutes les générations humaines; et lorsque, dans tes douleurs et tes alarmes, tu verras l'horizon s'assombrir et l'orage devenir menaçant, tu montreras au monde le cœur plein de miséricorde et d'amour de ton aimable maître, comme un phare lumineux qui, appellera encore au port de la vie tous les naufragés de l'intelligence et du cœur : *Quid times, Cæsarem vehis.*

Des hommes se sont rencontrés de nos jours qui, dans leur vaine sagesse, ont osé prophétiser la fin du règne de l'Église! Insensés, ils ont compté sans la puissance divine. L'Église verra et, je le désire, bénira dans son inépuisable miséricorde leur dernière heure, mais elle ne passera pas. Elle a vu son chef mourir couronné d'épines, elle ne s'étonne pas de ses épreuves. Pour toutes les grandes vies, il y a les jours de douleur et de mystérieuse passion ; mais ensuite pour l'Église, comme pour Jésus-Christ, il y a le jour de la résurrection qui ne manque jamais d'arriver, et alors on voit l'Église, assise sur la pierre renversée d'un glorieux sépulcre, bénissant avec amour ceux qui, dans la suite des âges, viennent se prosterner librement à ses pieds et célébrer avec elle son immortel triomphe.

Pour nous, chrétiens, nous sommes les enfants de l'espérance, parce que nous avons foi à la parole de celui qui brise avec un grain de sable la fureur des flots tumultueux. Nous demeurons en face de l'avenir pleins de confiance, et nous croyons que le trône fondé par Jésus-Christ sortira de la tempête plus glorieux et plus solide. Oui, notre cœur est dilaté sans mesure, sous la pression douce et forte de l'espérance, parce que nous avons foi à la protection des saints, amis de Dieu et de notre France. Les anciens Gaulois n'avaient qu'une crainte, celle de voir tomber le ciel sur leur tête ; et alors même, disaient-ils, nous le soutiendrions du bout de nos lances. Pour nous, enfants de l'Église, mère de toutes les espérances, nous sommes plus courageux que le plus courageux des peuples ; rien ne pourrait nous effrayer, ni nous faire trembler, pas même la chute du ciel, car la commotion du ciel nous annoncerait l'avénement de Dieu et c'est le plus grand désir de tout vrai chrétien.

Nous sommes remplis d'espérance, car l'avenir resplendit des plus radieuses clartés. Un arc-en-ciel a apparu de nos jours dans les nues, enveloppant le monde d'une auréole lumineuse et lui préparant les plus abondantes bénédictions. Les regards de notre âme planent déjà sur la capitale du monde catholique. Et sur le vieux sol de cette Rome, toujours ancienne et toujours jeune, nous saluons avec un tressaillement qui donne à notre cœur de douces et consolantes émotions, la majestueuse assemblée du Concile œcuménique qui promet à l'Église de nouveaux triomphes, en révélant à l'univers son inaltérable jeunesse, son inépuisable fécondité et son invincible force. Qu'il sera consolant et glorieux pour l'Église du Christ le solennel *rendez-vous* de tous les évêques du monde, venus du milieu des tribus encore sauvages, comme du sein des nations civilisées, pour former sur le tombeau des apôtres Pierre et Paul une couronne de gloire à l'auguste et magnanime Pie IX, héritier de la foi des siècles, et célébrer avec lui, en face du monde que déchirent mille divisions, la grande fête de l'unité catholique. Prions, chrétiens, pour que l'esprit de Dieu répande les plus abondantes effusions de sa grâce sur cette noble assemblée.

O glorieux pontife de Rome, illustre successeur de Pierre, vous dont le front resplendit de toutes les gloires, vous nous apparaissez comme l'étoile du matin, qui brille dans un ciel pur, après une nuit sombre, et qui promet un beau jour! Les regards des nations sont dirigés vers vous, et les cœurs tressaillent d'allégresse dans l'attente des bénédictions que Dieu, par votre organe, réserve au monde.

O Très Saint-Père, roi des âmes, que votre règne soit long autant qu'il a été splendide! Magnanime Pontife! vos ennemis ont voulu ébranler votre trône, pour faire tomber de votre front la couronne de gloire que dix-huit siècles de foi et d'amour y ont déposée; mais nous, vos heureux enfants, nous vous avons élevé dans notre cœur un trône plus solide que tous les trônes de la terre, le trône du respect et de l'amour.

Et toi, noble France, terre des saints et des élus de Dieu, si justement nommée la fille aînée de l'Église, on t'a calomniée quand des voix alarmées et alarmantes ont osé affirmer qu'il n'y avait plus dans ton sein qu'un léger souffle de vie chrétienne près de s'éteindre! Et tu renais sans cesse à la vie de tes glorieuses destinées. Chaque jour voit jaillir de ton sein fécond de nouveaux jets de vie et de civilisation chrétienne. Tu portes dans tes mains, ô France! le flambeau de tous les progrès, à ton front l'étoile de toutes les espérances. Dieu a fait sortir de ton cœur trois fleuves divins dont les flots purs, réfléchissant les clartés des cieux, vont ranimer l'espérance et la vie à tous les points du monde où il y a une douleur à consoler, une larme à essuyer et des cœurs à relever : ce sont la Propagation de la Foi, le dévouement de tes filles de saint Vincent de Paul et l'héroïsme de tes nobles enfants qui ont fait de leur cœur un bouclier et un rempart à la papauté. Aussi, partout où l'on recueille les bienfaits de ta foi, partout où l'on rencontre une Sœur de charité et un défenseur du Pape, on rend grâce à Dieu, on bénit l'Église et on bénit aussi le noble cœur de la France qui inspire tous ces dévouements. Si le flambeau de la foi venait à s'éteindre dans le monde sous la violence des vents mauvais, tu le rallumerais, ô France, au foyer de ta charité.

O grand Anthelme, glorieux patron de nos montagnes, parfait modèle des religieux et des évêques, nous sommes heureux d'avoir pu aujourd'hui déposer à vos pieds un faible tribut d'amour et de piété filiale !

Daignez étendre sur nous le manteau de votre protection.

Protégez l'épiscopat, souvenez-vous de ses généreux sacrifices et de sa foi, de son attachement au siége de Pierre et de ses combats pour la cause de Dieu.

Protégez l'Église, donnez-lui des enfants et des serviteurs libres, de cette sainte liberté qui fait les enfants de Dieu ; des âmes selon le cœur de Dieu, portant fidèlement le joug de son amour et libres des entraves des passions ; donnez-lui des chrétiens qui, comme autant de David, le bâton de la croix à la main, terrassent tous les Goliath de ce monde, des chrétiens qui, comme des nuées mystérieuses, se laissent toujours conduire par le souffle de l'esprit de Dieu : *Si vos Filius liberaverit, vere liberi eritis; ubi erit impetus Spiritus, illuc gradiebantur.*

Étendez votre protection sur les prêtres et les fidèles de ce diocèse, terre féconde en saints et en hommes illustres; étendez-la sur les provinces du Bugey et de la Savoie. Souvenez-vous que l'une d'elles a eu la gloire de vous donner le jour, et l'autre celle de voir croitre et grandir la fleur des vertus que vous avez fait épanouir sous l'azur de son beau ciel. L'Église de Savoie a été votre mère au berceau, et l'Église de Belley votre épouse dans l'épiscopat. Gardez-leur un amour égal, et quand leurs regards de mère et d'épouse reposeront sur votre glorieux sépulcre, faites qu'elles y trouvent la source des mêmes bénédictions et des mêmes espérances. Qu'elles restent toujours unies comme deux sœurs dans les liens de leur foi, dans la pureté de leurs mœurs et dans la sainte affection de leurs évêques!

O pontife du ciel! laissez s'exhaler de votre châsse un parfum de vertu qui nous donne à tous les joies de l'innocence et nous conserve pour les béatitudes de l'éternité glorieuse. *Fiat!*

3349. — CHAMBÉRY, IMPRIMERIE DE F. PUTHOD, RUE DU VERNEY.